AF186312

Werner Krotz

Glücklich in Petrití

.

Werner Krotz

Glücklich in Petrití

Urlaubsimpressionen aus Korfu

© 2015 Werner Krotz

Verlag: tredition GmbH, Hamburg

ISBN
Paperback: 978-3-7323-7280-5
Hardcover: 978-3-7323-7281-2
e-Book: 978-3-7323-7282-9

Printed in Germany

Das Werk, einschließlich seiner Teile, ist urheberrechtlich geschützt. Jede Verwertung ist ohne Zustimmung des Verlages und des Autors unzulässig. Dies gilt insbesondere für die elektronische oder sonstige Vervielfältigung, Übersetzung, Verbreitung und öffentliche Zugänglichmachung.

Inhaltsverzeichnis

Vorwort

Korfu ist als die grünste der griechischen Inseln bekannt. Deshalb wollte ich dort hin, zusammen mit Gerhild, meiner Frau. Natürlich ans Meer, da ich gerne weit hinausschwimme.

Am Tag vor unserem Flug nach Korfu bekam ich mit der Post das Buch „Osho – Autobiografie" und ich begann es gleich zu lesen. Dabei entstand die Vorstellung, den dreiwöchigen Urlaub, in dem Gerhild und ich besonders faul sein wollten, mit Notizen in Lyrik und Kurzprosa zu begleiten.
In Petrití las ich zuerst das Osho-Buch, dann eine Zeitschrift über Buddhismus in Österreich, die ich im Andachtsraum am Flughafen Wien-Schwechat mitgenommen hatte, dann einen schmalen Krimi aus der Gästebibliothek der Pension Égrypos. Während des ganzen weiteren Aufenthalts las ich so gut wie nichts mehr. Ich war einfach da und schaute mir an, was in mir und um mich herum geschah. Das empfand ich als äußerst heilsam.
Zu jeder Tages- und Nachtzeit war ich in empfangender Haltung. In Petrití und in den Tagen davor und danach entstanden insgesamt 85 Notizen, zwei Drittel Kurzprosa und ein Drittel Lyrik. Ich gebe sie in diesem Buch chronologisch wieder, vom 30. August bis zum 29. September 2015: Naturbeobachtungen, Lebenserfahrungen, weltanschauliche Erörterungen, Traumerlebnisse

und Blödeleien. Den Leserinnen und Lesern wünsche ich viel Freude damit.

Dürrwien, 29. September 2015

Einladung

Ich lade Sie ein, sich mit mir über den Inhalt dieses Buches auszutauschen.
Meine E-Mail-Adresse: werner.krotz@gmx.net
Meine Website: www.wernerkrotz.net

Danksagung

Mein Dank gilt vor allem der Familie Kourtésis samt Team, die uns in ihrer Pension Égrypos liebevoll umsorgt haben. Darüber hinaus allen Griechinnen und Griechen, Hunden, Katzen, Eseln, Schafen, Ziegen, Hühnern, Möwen, Schwalben und Spatzen, denen wir zu unserer Freude begegnen durften. Und der Landschaft und dem Meer, die uns ihre Schönheit und Kraft darboten.
    Besonders danke ich Gerhild, meiner Frau. Denn dass diese Notizen entstehen konnten, hat viel mit der kongenialen Übereinstimmung zwischen ihr und mir zu tun.

Glücklich in Petrití

ferien

wir fahren mit dem straßenzug
zum flughafen
wir fliegen mit dem luftzug
nach korfu
der zug der wildgänse
der schaut uns zu

Dürrwien, 30. August 2015

mit haut und haar!
sprach die haut
bist du dabei?
mit haut und haar!
sprach das haar
sie sagten im chor:
wir lieben einander
mit haut und haar!

Dürrwien, 31. August 2015

Jeder Mensch hat die Aufgabe, ein Stück Bewusstsein auf die Erde zu bringen. Das geht nur, wenn er seine Bewusstheit entwickelt.

Alle Facetten des Bewusstseins müssen lebendig gemacht werden.

Es geht nicht darum, Böse zu besiegen, sondern darum, aus allen Aspekten zu lernen, auch aus den verdrehtesten. Erst diese Bereitschaft macht es möglich, dass Menschen endlich aufeinander zugehen können.

Dürrwien, 31. August 2015

Was ich auf die Erde bringe, ist ein Aufruf zur Vielfältigkeit und Selbstständigkeit eines jeden Menschen, ein Aufruf dazu, dass jeder Mensch diese in ihm angelegten Möglichkeiten erkenne und verwirkliche, ein Aufruf dazu, dass jeder Mensch vom politischen und vom wirtschaftlichen System in dieser Hinsicht gefördert werde.

Was ich auf die Erde bringe, reißt mit meinem Tod nicht ab, denn ich bin ein unendliches Wesen.

Dürrwien, 31. August 2015

du mein gott
nimm mich mir
und gib mich ganz zu eigen dir
denn du allein genügst
als loopingbahn
ins eigentliche leben

Flughafen Wien, 1. September 2015

Am Flughafen Wien gibt es keinen einzigen Flug-
steig, nur lauter Gates. Dabei ist mir das Mantra
eingefallen, das den Schluss des Herz-Sūtras
bildet:

„Gate Gate Pāragate Pārasamgate Bodhi Svāhā"

„Gegangen, gegangen, hinübergegangen, gänz-
lich hinübergegangen, welch ein Erwachen!"

Dieses Mantra hat mich nie wieder verlassen,
seit ich es vor Jahren mit anderen rezitiert habe.

Petrití, 1. September 2015

Der König der Zwergmolche sprach zu den Molchenzwergen: „Ich bin völlig frei und unabhängig und ihr seid es nicht. Doch ich bin nichts anderes als ihr, denn auch ihr könntet frei und unabhängig werden."

„So ist es", sagten sie und nahmen ihm die Krone vom Haupt.

Zu:
„Osho – Autobiografie",
„Augenblicke einer goldenen Kindheit", S. 17;
„Ein ganz gewöhnlicher Mensch: die Geschichte hinter der Legende", S. 15.

Petrití, 1. September 2015

Jesus von Nazaret hat die Kraft in sich lebendig gemacht, die alles schafft und vollendet. Das ist ein etwas anderer Blickwinkel als der Blickwinkel auf die Kräfte der Schöpfung, Erhaltung und Zerstörung. Es geht über das zyklische Weltbild hinaus und verwirklicht ein teleologisches Weltbild, das auf unsagbare Glückseligkeit zugeht. Wir erleben die Geburtswehen in schrecklich-schöner Form. Ich habe das einmal die grauenerregende Herrlichkeit genannt. Wir alle sind eingeladen, Geburtshelfer zu werden.

Meine Lebensaufgabe ist, den Menschen das zu Bewusstsein zu bringen, sowie ihre vollkommene Selbstständigkeit, mit der sie sich dieser Aufgabe widmen dürfen. Vollkommene Selbstständigkeit findet nur in vollkommener Hingabe zu sich selbst.

Petrití, 2. September 2015

Osho sagt von sich: „Ich bin Sorbas und Buddha. In mir begegnen sich Ost und West."

Buddha hat wirklich gelebt, Sorbas ist eine Romanfigur. Aber macht das einen Unterschied? Vielleicht ist Sorbas der Prototyp des griechischen Menschen in seiner Höchstform, der Typ des einfachen Griechen als des Erben eines alten Kulturvolkes.

Die einfachen griechischen Leute in ihrer Höchstform werden in der finanziell ausweglos scheinenden Situation, in der sich Griechenland in diesen Tagen befindet, dringend erforderlich sein.

Zu:
„Osho – Autobiografie",
„Augenblicke einer goldenen Kindheit", S. 38.

Petrití, 2. September 2015

autochthon
automat
autodrom
autobiografie
autopsie

Petrití, 3. September 2015

erleuchtung
leuchtgas
gaskassier
relikte
der
vergangenheit

Petrití, 3. September 2015

Viele Leute waren da, und Jesus lehrte sie. Er sagte gerade: „Viele sind berufen, wenige aber sind auserwählt."

Da lief ein fünfjähriges Kind zu ihm hin und fragte: „Was heißt das, ‚berufen'?"

Jesus wandte sich dem Kind zu und sagte: „Das heißt, dass sie auf der Erde geboren sind."

Das Kind fragte weiter: „Und was heißt ‚auserwählt'?"

Jesus sagte: „Das heißt, dass sie die Gegenwart Gottes spüren können."

Das Kind ließ nicht locker und fragte: „Wieso sind es nur wenige?"

Jesus seufzte und sagte: „Ich habe große Sehnsucht danach, dass es alle sind. Dann würde sich die Erde in ein Paradies verwandeln."

Das Kind wiederholte: „Aber wieso sind es nur wenige?"

Jesus seufzte noch einmal und sagte: „Ich weiß es nicht. Ich möchte, dass die Leute aufwachen und diesen Zustand ändern. Darum sage ich solche Sätze."

Da war das Kind zufrieden und rannte zu seinen Eltern zurück.

Zitat aus: Mt 22,14.

Petrití, 4. September 2015

19

der morgen erwacht
und wartet
bis die sonne ihre geballte kraft
über das meer schleudert

nun ist sie da
nun ist sie da

Petrití, 5. September 2015

wenn sonnenmann
und mondfrau sich paaren
entsteht das kind
erst nach vielen jahren

Petrití, 5. September 2015

die zeit entweicht
wie die luft aus dem schwimmreifen
wenn das ventil geöffnet wird

Petrití, 5. September 2015

Ich träume von einem brennenden Haus. Aber niemand macht sich die Mühe, die Feuerwehr zu rufen. Ich träume, dass Menschen beisammen sind. Ein Mann liegt am Boden und kann nur kriechen. Ich frage ihn: „Kann ich dir irgendwie helfen?" Er antwortet: „Mir kann keiner mehr helfen."

Und ich lese in dem Buch „Osho – Autobiografie" von einem Mann, der Tag für Tag am Strand Sandskulpturen macht, die nur im Augenblick existieren. Er sagt: „Mein ganzes Leben habe ich Skulpturen gemacht. Es ist die einzige Kunst, die ich beherrsche. Und jetzt gebe ich mich der Existenz hin. Jetzt kann die Existenz mich benutzen."

Devadas – „Hingegeben an die Existenz": Das ist mein Osho-Name. Die Träume sagen mir: Ruf nicht die Feuerwehr. Hilf dort nicht, wo Hilfe abgelehnt wird.

Gerhild und ich sind in Petrití, auf Korfu. Von unserem Zimmer haben wir den Blick aufs Meer. Wie an jedem Morgen war zuerst die Ahnung der aufgehenden Sonne da. Und dann erhob sie sich über den Horizont, mit voller Kraft.

Wie kann ich sein, was kann ich tun und lassen, damit diese Kraft mich und über mich hinaus andere Menschen voll und ganz erfasst?

Zitat aus:
„Osho – Autobiografie", S. 172.

Petrití, 5. September 2015

Osho hat Sorbas neben Buddha als Leitfigur hervorgehoben.

Unsere ältere Tochter und ihr Mann lieben Griechenland, besonders die Insel Chios. Ihre Dogge haben sie Sorbas genannt. Womit bewiesen ist: Der Hund hat Buddhanatur.

Anmerkung:
Der Schlusssatz ist ein Kōan.

Petrití, 5. September 2015

die nacht schweigt
auch der mond sagt heute kein wort

Petrití, 6. September 2015

Ich habe in meinen Büchern und Bausteinen immer wieder das Wort „Stellvertreter" verwendet, um Menschen zu bezeichnen, die für dich etwas machen, das du nicht schaffst. Nun ist dieses Wort aber missverständlich, denn es kann nicht heißen, dass die Stellvertreter anderen Menschen die Verantwortung abnehmen, die Selbstständigkeit wegnehmen. Angeregt durch Sokrates spreche ich daher lieber von der Maieutik, der Hebammenkunst, und nenne solche Menschen Katalysatoren. Ein Katalysator im chemischen Sinn ist an der Reaktion nicht beteiligt, doch er muss da sein, sonst funktioniert sie nicht.

Petrití, 6. September 2015

Als sie Osho baten, eine Einweihung in Sannyas vorzunehmen, machte er es, wobei er ihnen mit dem Daumen auf die Stelle des dritten Auges drückte, was einen Energiestoß auslöste, der helfen sollte, sie aufzuwecken und zu sensibilisieren. Dabei bekamen sie einen neuen Namen, den sie nicht selbst auswählen durften, der wie die Einladung auf ihren speziellen Weg wirken sollte.

Als ich viele Jahre später meinen Osho-Namen bekam, lebte Osho nicht mehr in der fotografierbaren Form. Sie schickten den Namen aus Poona, und in der Nähe von Zürich machten sie eine wunderbare Zeremonie für mich, bei der ich der Mittelpunkt eines Kreises war. Mein neuer Name passte perfekt, es war „Devadas", mit der Bedeutung „Hingegeben an die Existenz".

Der tiefere Sinn von Sannyas kann es nur sein, sich in Bewegung zu setzen, auf den Weg zu machen. Ich bin auf dem Weg, bin aber kein Sannyasin. Ich bin vollkommen frei und selbstverantwortlich. Deshalb verwende ich auch den Namen „Devadas" nicht.

Petrití, 6. September 2015

Auch Osho sagt: „Seid in der Welt, jedoch nicht von der Welt."

Das heißt: Ihr habt etwas an euch, ihr seid etwas, das von der Welt nicht erkannt wird.

Damit verbunden ist: Ihr seid Individualitäten, die einander erkennen.

Ein Problem ist jedoch: Es mischt sich Echtes mit Falschem, Realisierung mit Ahnung, Fließendes mit leider doch wieder Verfestigtem.

Und überhaupt: Die natürliche, nicht manipulative und doch unwiderstehliche Anziehung und Ansteckung ist noch nicht gegeben.

Last not least: Kein Mensch sollte die Vorstellung festhalten, in der Welt, aber nicht von der Welt zu sein. Das wäre Verfestigung, man würde Dämme zwischen sich und anderen Menschen und Situationen aufrichten. Es geht darum, immer im Fluss zu bleiben, immer zu fließen.

Zitat aus:
„Osho – Autobiografie", S. 232.

Petrití, 6. September 2015

Hier auf Korfu kann man sich vierrädrige Motorräder ausleihen, und viele junge Leute fahren damit herum. Auch in Hurghada, am Roten Meer, habe ich das gesehen. Sie fahren damit in die Wüste hinein. Es macht Lärm und stinkt.

In der tunesischen Sahara habe ich etwas Vergleichbares beobachtet. Als wir mit Beduinen und Kamelen durch die Wüste zogen, sahen wir manchmal in weiter Entfernung eine Karawane von Jeeps mit Allradantrieb. Was erlebt man von der Wüste, wenn man so unterwegs ist? Mit solchen Fahrzeugen? Mit solcher Einstellung?

Für mich war die Wüste etwas ganz anderes. Aus persönlichen Gründen fand ein Horrortrip statt – ohne irgendein Rauschmittel. Damit war die beste Vorbedingung gegeben, die Stille und die Wahrheit hautnah zu erleben, unvergesslich, für immer.

Petrití, 7. September 2015

Heute kurz vor dem Morgengrauen war ich auf der Toilette. Über das Toilettefenster hörte ich das erste Krähen von zwei Hähnen. Ich dachte mir: „Aber es ist doch noch dunkel." Dann fiel mir ein: „Sie glauben, wenn sie nicht krähen, kommt die Sonne nicht."

Petrití, 8. September 2015

Von einem Traum der letzten Nacht blieb mir folgender Satz hängen: „Vom Semit zum Asemit.“

Für mich bedeutet der Traum, dass meine Religiosität über alle semitischen Religionen, also Judentum, Christentum und Islam, und über alle anderen Religionen hinausgegangen ist.

Petrití, 8. September 2015

Ein Haiku

Raupen, dann Puppen
Und für kurze Zeit tanzen
Die Schmetterlinge

Petrití, 9. September 2015

Neun Monate, bevor er starb, sagte Osho, dass es vor dem Tod eines Menschen zu einer Vorbereitungszeit von neun Monaten komme, so wie es auch vor der Geburt eines Menschen eine neunmonatige Schwangerschaft gebe. Glücklich ist der Mensch, der fähig ist, den Beginn dieser Vorbereitungszeit zu erkennen, und der auch imstande ist, in dieser Zeit entsprechend zu leben.

Eigentlich lebe ich mehr und mehr so, dass der Tod in jedem Augenblick eintreten kann. Aber ich weiß, dass ich hier noch Aufgaben habe. Das Wichtigste ist der Kontakt mit der inneren Führung.

Siehe:
„Osho – Autobiografie", S. 394/95.

Petrití, 9. September 2015

Petrití

ein gewitter entlädt sich
mit ungeheurer kraft
und danach noch
wetterleuchten

Petrití, 10. September 2015

In der Nacht war ein bombastisches Gewitter mit starkem Wind. Und heute gab es hohe Wellen. Das Schwimmen war daher besonders schön. Das Meer warf mich hin und her und tauchte mich unter. Ich bin ein Wesen, das versehentlich als Mensch und nicht als Delfin auf der Erde geboren ist.

Petrití, 10. September 2015

liebe + liebe = liebe
liebe − liebe = liebe
liebe x liebe = liebe
liebe : liebe = liebe
liebe ≠ liebe
liebe = liebe
lass sie . . .
lass sie fliegen im wind

Petrití, 10. September 2015

Devadas heißt „Hingegeben an die Existenz".
Eigentlich gemeint ist „Hingegeben an die Existenz und den Grund der Existenz". Man könnte
auch sagen „Hingegeben an die Immanenz und
die Transzendenz", also hingegeben an das
Göttliche, das sich in der Welt entfaltet, und an
das Göttliche, das die Entfaltung fördert, das die
Horizonte für die Entfaltung darbietet. Oder man
könnte sagen, es kommt darauf an, transparent
zu werden für alles, was existiert, und für das
Unaussprechliche, das Namenlose. Das sind
Versuche, es in meiner Terminologie auszu-
drücken.

Petrití, 10. September 2015

Gerhild und ich verbringen in diesem September drei Wochen im Süden von Korfu, und Sonne, Wind und Wellen sind von großer Intensität. Die ganze Natur, mit ihren speziellen Lichtern, Farben und Düften, umgibt uns wie ein Füllhorn, aus dem sich die Geschenke verströmen.

Heute Nachmittag saßen wir bei Baklava und griechischem Kaffee auf einer Terrasse mit herrlichem Blick über das Meer bis zum griechischen Festland hin. Später konnte ich noch einmal ins Meer hinausschwimmen. Und dann kam der Abend mit seiner kompakten Ruhe. Möwen flogen in Scharen zu einem Schiff, das weit draußen verankert war, weil sie dort gefüttert wurden. Zwei andere Schiffe in kräftigem Rot und Weiß verließen nacheinander den Hafen. Und ich nahm die Ruhe und Stille des Abends dankbar an und barg mich in ihr.

Petrití, 10. September 2015

Gerhild und ich wanderten heute vor dem Schwimmen durch einen Olivenhain. Als wir bei einem Bauernhof vorbeikamen, fuhr gerade der Bauer in seinem Pritschenwagen vor. Er stieg aus und fragte uns in englischer Sprache, woher wir kämen. Gerhild antwortete: „Aus Österreich." Er sagte: „Es gibt Probleme. Athen! Von der Regierung ist nichts zu erwarten!" Er machte eine abfällige Handbewegung und fuhr fort: „Der Winter wird hart. In den Städten werden sie hungern. Hier ist es gut. Wir haben genug. Auch in anderen Ländern wird es Hunger geben, in Spanien."

Petrití, 11. September 2015

Das Meer hat einen langen Atem. Einmal ist es aufgewühlt, dann wieder glatt. Es ändert sich dabei nicht.

Als sich das Unwetter ankündigte, fuhren alle Schiffe, die vor der Küste ankerten, in sichere Häfen. Als ich am nächsten Tag hinausschwamm, musste ich auf keine Schiffe achten, hatte ich das Meer für mich allein.

Das Meer verkörpert Kampfgeist und Gelassenheit. In einer Situation, in der ein morbides internationales System seine erdrückende Hand auf Griechenland gelegt hat, wird das griechische Volk beides brauchen. Hüten wir uns davor, die Griechinnen und Griechen in dieser Situation alleinzulassen.

Petrití, 11. September 2015

Mose hat die Israeliten aus Ägypten, aus dem Sklavenhaus, hinausgeführt. Dann unterwarfen sie andere Völker, zerstörten andere Kulturen.

Der erste Teil dieser Legende ist zur Realität und zur Sehnsucht in vielen Ländern der Erde geworden. Überall gibt es Versklavte, überall wollen sie in die Freiheit geführt werden, wenn sie die Hoffnung noch nicht aufgegeben haben.

Der zweite Teil der Legende möge zu Staub zerfallen. Niemals mehr möge das Glück der einen das Unglück der anderen hervorrufen.

Petrití, 12. September 2015

In dem von mir adaptierten Gebet von Bruder Klaus, das ich täglich bete, gebrauche ich die Anrede „Du, mein Gott". Und in Anlehnung an Teresa von Ávila beende ich das Gebet mit dem Satz „Du allein genügst". Wer oder was wird da angeredet? Es gibt kein Wer oder Was. Trotzdem ist die direkte Anrede möglich. Sie überbrückt einen unendlichen Abgrund und ist nur dadurch verständlich, dass auch ich letzten Endes nichts bin.

Petrití, 12. September 2015

Salzige Regenbogenforelle
Voll höchster Lebendigkeit
Im falschen Wasser
Du bist doch ein Süßwasserfisch!

Petrití, 12. September 2015

Die Wellen schlagen gegen das Ufer, in unregelmäßiger Folge. Linde plätschernd, dann auf einmal stark und schäumend. Das Meer singt seine unendliche Melodie. Es singt, ohne zu sprechen und ohne zu denken. Sein Gesang ist jenseits davon und teilt mir doch alles mit, was ich überhaupt erfassen kann. Und teilt mir alles mit, wenn ich werde wie das Meer.

Petrití, 13. September 2015

Den Engel, der Gerhild schützte, als sie vor einigen Jahren im Wohnzimmer von der Leiter fiel, habe ich ein paar Tage später an derselben Stelle als Lichtsäule gesehen, als eine weiße, schimmernde Säule von übernatürlichem Licht.

Emma Heathcote-James hat hunderte Zeugnisse von Menschen gesammelt, die von Begegnungen mit Engeln berichteten. Nach diesen Berichten scheinen Engel verschiedenartige menschliche Gestalt anzunehmen, in ein Geschehen einzugreifen und dann wieder unsichtbar zu werden.

Jesus scheint nach seiner Auferstehung in der Lage gewesen zu sein, einen menschlichen Körper anzunehmen, den man sogar angreifen konnte, und dann plötzlich wieder unsichtbar zu werden. Vielleicht ist das eine Fähigkeit vieler Wesen, die auferstanden sind, das heißt nach ihrem Tod alle Details ihrer menschlichen Existenz voll integriert haben.

Auch ich habe einen menschlichen Körper, den man angreifen kann. Das ist jedoch etwas anderes. Ich habe diesen Körper nicht einfach angenommen, sondern ich bin ein Wesen, das als Mensch auf der Erde geboren ist.

Petrití, 13. September 2015

Ein Wesen, das als Mensch auf der Erde geboren ist, hat nach seinem Tod die Aufgabe, alle Details seiner irdischen Existenz zu integrieren. Wenn das gelingt, wenn diese Integration voll abgeschlossen ist, spreche ich davon, dass das Wesen auferstanden ist. Es kann nun eine Aufgabe für die Erde oder für den Kosmos übernehmen. Es hat nicht mehr die körperliche Form, die es auf der Erde hatte. Es ist ein übernatürliches Gebilde, das am ehesten als kugelförmig beschrieben werden kann, mit Licht und Schatten und vielfältigen Farben.

Wenn das Wesen vollkommen frei geworden ist, hat es keine wie auch immer geartete Form mehr und kann eine Aufgabe übernehmen, die über unseren Kosmos hinausgeht. Es existiert nicht mehr und ist in einer unvorstellbaren Weise voll da. Es ist ein reiner Kanal der Liebe.

Erst wenn eine Vielzahl von Menschen zu einer solchen Sicht der Dinge umschalten lernt, kann die Menschheit ihre eigentliche Bestimmung finden.

Petrití, 13. September 2015

wenn ich nicht schlafen kann
kommt müll
die feststellung
dass müll kommt
ist müll
jetzt steht schon
der morgenstern
am himmel

Petrití, 14. September 2015

der morgenstern
ist auch als abendstern bekannt
als abendstern verführt sie
die menschen zur liebe
als morgenstern ruft sie
die menschen zum leben
und zur lebendigkeit

Petrití, 14. September 2015

Der Morgen löst sich von der Nacht
Der neue Tag beginnt mit Macht
Noch ist es dunkel doch der Hahn
Fängt schon mit seinem Krähen an
Tabula rasa neues Leben
Ist uns geschenkt und aufgegeben

Petrití, 14. September 2015

Die Aufräumerin ist eine Deutsche, die während der ganzen Saison hier in Petrití in der Pension arbeitet. Heute Morgen hatte sie eine Boulevardzeitung mit der Überschrift „Deutsche machen die Grenzen dicht", die sich auf die Flüchtlingsproblematik bezog. Als mir Gerhild das erzählte, sagte ich zu ihr: „Wir leben hier in der Gegenwart und sie lebt in der Zeitgeschichte. Wenn wir dann wieder zu Hause sind, müssen wir uns das Leben in der Gegenwart bewahren, sonst frisst uns die Zeitgeschichte auf."

Petrití, 14. September 2015

Als Gerhild und ich heute Morgen zum Strand gingen, sahen wir, dass das Meer leuchtend grüne Algen angeschwemmt hatte. Zwischen den Algen lagen kleine silbrig glänzende Fische. Sie waren tot. Draußen im Wasser schwammen viele weitere tote Fische. Es waren Hunderte. Zwei Männer gingen mit Netzen den Strand entlang und sammelten die toten Fische ein.

Später am Tag beobachteten wir dunkle Fische, die noch kleiner waren und die toten Fische anzufressen begannen. Unsere Wirtsleute hatten keine Ahnung, wie es dazu gekommen war. Menschliche Einwirkung ist anzunehmen.

Petrití, 14. September 2015

für Gerhild

du bist mein komplement
drum geb ich dir
mein kompliment
von liebe bist du
ein kompendium
von liebestaten
ein kompositum
drum geb ich ohne end
mein kompliment
dem komplement

Petrití, 15. September 2015

Das sogenannte Neue Testament oder Zweite Bundesbuch, wie ich es lieber nenne, besteht aus einer Auswahl von Schriften: vier Evangelien, eine Apostelgeschichte, eine Reihe von Briefen und eine Apokalypse. Die Angaben der Evangelien über den Tag der Kreuzigung Jesu stimmen nicht überein. Manche Details in der Apostelgeschichte widersprechen den Angaben in den Paulusbriefen. Besonders die Paulusbriefe enthalten eine aufgesetzte Theologie, die mit dem historischen Jesus nichts mehr zu tun hat. Einige Theologen unserer Zeit schlagen vor, das apokryphe Thomasevangelium genauso ernst zu nehmen wie die Schriften des Kanons.

Vieles, was damals aufgeschrieben worden ist, ist uns nicht erhalten. Vielleicht wurde manches als ketzerisch angesehen und vernichtet. So gesehen ist das Zweite Bundesbuch eine mehr oder wenige zufällige Auswahl und lässt unserer Sehnsucht, darüber hinauszuwachsen, breiten Spielraum.

Petrití, 15. September 2015

Ich trinke sehr selten Kaffee und wenn, dann koffeinfrei. Heute Nachmittag sind Gerhild und ich zur Taverne Savvas spaziert und haben dort Eiskaffee getrunken. Der Kaffee war viel zu stark für mich, einen Teil habe ich stehen gelassen. Als wir dann zum Strand kamen, dachte ich mir: „Ich spüre den Kaffee immer noch; wie soll das mit dem Schwimmen werden?"

Das Gegenteil trat ein. Kaum war ich im Wasser, fühlte ich mich leicht und frei. Das Meer trug mich über die Wahrnehmung des zu starken Kaffees hinweg. Das Meer ist mein Freund.

Petrití, 15. September 2015

Wenn ein Mensch nach seinem Tod alle Details seiner irdischen Existenz aufgearbeitet hat, spreche ich davon, dass er auferstanden ist. Dabei kann der Mensch viel Hilfe in Anspruch nehmen, von Jesus, seiner Mutter Maria und anderen auferstandenen Wesen, aber auch von Schutzengeln. Wenn der Mensch trotz dieser Hilfe nicht alles integrieren will oder kann, was ergibt sich daraus? Zwei Möglichkeiten:

1. Er wird zu einem ruhelosen Wesen, das zwischen den Ebenen hängen bleibt und ständig einen auf der Erde lebenden Menschen sucht, dem er seine Aufgaben anhängen kann.
2. Er wird zu einem Wesen, das sich wieder auf der Erde inkarnieren möchte, um Versäumtes nachzuholen. Wenn es dazu kommt, verliert er seine Identität. Eine durchgehende Existenz von einer zu einer anderen Inkarnation ist nicht möglich. Das hat vor allem der frühe Buddhismus herausgearbeitet.

In beiden Fällen bleibt das Wesen der Zeit verhaftet. Irgendwann hat es jedoch genug Erfahrungen gesammelt, um die volle Verantwortung für alles zu übernehmen, was es loswerden oder nicht loslassen wollte. Nun wird es völlig frei von Zeit und von allem, was wir uns unter Ewigkeit vorstellen können, und wächst in vorher unvorstellbare Aufgaben hinein. Das betrifft auch gemeinsame Aufgaben von Wesen, die eine besondere

Affinität zueinander haben und sich der Alleinheit bewusst geworden sind.

Petrití, 15. September 2015

ein schiff gleitet durchs meer
hinterlässt es eine spur?
ein flugzeug fliegt am himmel
hinterlässt es eine spur?
ein mensch lebt auf der erde
hinterlässt er eine spur?
leere muscheln und schneckenhäuser
werden ans meeresufer gespült

Petrití, 16. September 2015

das erkennen ist lebendig
doch es gibt keinen topf
um das erkannte aufzubewahren

Petrití, 16. September 2015

Libros legant alii
Tu felix Wernere scribe

Nach:
„Bella gerant alii
Tu felix Austria nube"

Petrití, 16. September 2015

die schwalbe im flug
ist schwalbe im flug
die katze im sprung
ist katze im sprung
der mensch im menschenzoo
verstrickt verzwickt sich so

Petrití, 16. September 2015

Nichts erwarten – weder Freudiges noch Leid-volles, weder Glück noch Unglück – ist der Weg der Mitte. Den Weg der Mitte gehen wollen heißt etwas erwarten.

Petrití, 16. September 2015

Das Wort „Meditation" kommt von Lateinisch „meditari" (mit Karlfried Graf Dürckheim als „in die Mitte genommen werden" zu deuten). Es geht darum, den Affen zum Verstummen zu bringen, die Gedanken und Gefühle verebben zu lassen. Wenn man einen Meditationsgegenstand hat, dann dient der dazu, alles andere zu vertreiben und dann selbst zu verschwinden. Gegenstandslose Meditation benutzt als erstes Hilfsmittel die Achtsamkeit auf den Atem, ohne ihn zu kontrollieren.

Meditation, reine Achtsamkeit, kann man nicht nur beim Stillsitzen, –stehen oder –liegen betreiben, sondern ständig im Alltag. Wenn man zum wertfreien Beobachter wird, darf man dabei die Erdung nicht verlieren, man muss stets in seinem Körper hier und jetzt zu Hause sein. Man darf kein Ziel vor Augen haben, nicht die innere Leere erreichen wollen. Man wird nicht darüber hinwegkommen, dass die Lunge atmet, dass das Herz schlägt, dass alle möglichen Vorgänge im Körper ablaufen. Letzten Endes geht es darum, alles, was ist, willkommen zu heißen, so wie es ist.

Petrití, 17. September 2015

Als ich in die Tanzschule ging, unterrichtete in Wien der legendäre Willy Elmayer noch selber. Er brachte uns nicht nur Tanzen bei, sondern auch gutes Benehmen. Wenn wir zwischen den Tanz-lektionen paarweise im Kreis gingen, hatte der Herr die Dame zu unterhalten. Das ist mir in Fleisch und Blut übergegangen. Wenn Gerhild und ich daher im Urlaub am Frühstückstisch saßen, redete ich viel, schon allein deswegen, damit die Leute an den anderen Tischen nicht glaubten, wir hätten Streit.

In diesem Urlaub ist das anders geworden. Wir sitzen zufrieden beim Frühstück. Wenn etwas zu sagen ist, sagen wir es. Wenn nichts zu sagen ist, sagen wir nichts. Was die anderen Leute denken, ist uns egal. Ob wir miteinander glücklich sind, merkt man an der Art, wie wir uns anschauen und miteinander umgehen, nicht an dauerndem Ge-plapper.

Petrití, 17. September 2015

Ich liege auf einer Wiese zwischen Olivenbäumen am Strand. Für Ameisen, die auf mir herumkrabbeln, bin ich ein Stück Natur. Jetzt ist Mittag und es ist nicht die Zeit für Stechmücken und Bremsen. Doch wenn ich gegen Abend aus dem Wasser steige, sind sie da. Für Gelsen und Bremsen bin ich ein Stück Natur.

Ich bin ein Stück Natur.

Petrití, 17. September 2015

Ein Dialog am Strand über eine schriftstellerische Frage.

Werner: „Soll ich ‚Olivenbäume' oder ‚Ölbäume' schreiben?"

Gerhild: „‚Olivenbäume'. Ich sage ja auch ‚Zwetschkenbäume' und nicht ‚Slibowitzbäume'."

Petrití, 17. September 2015

Ich bin zwar Mitglied der römisch-katholischen Kirche, fühle mich aber nicht betroffen, wenn jemand „Wir Katholiken" sagt. Auch bei „Wir Christen" fühle ich mich nicht gemeint. Bei „Wir Männer" wird es schon besser. Denn ich habe immerhin vier Kinder gezeugt und habe nicht vor, das Geschlecht zu wechseln. Bei „Wir Menschen" habe ich überhaupt kein Gegenargument, denn ich kann nicht abstreiten, dass ich ein Wesen bin, dass als Mensch auf der Erde geboren ist.

Petrití, 17. September 2015

ich kann schon wieder nicht schlafen
das ist eine katerstrophe
mir wäre lieber ich könnte schlafen
anstatt katzenstrophen zu singen

Petrití, 18. September 2015

In unserem Ferienzimmer haben wir eine kleine Kommode und darüber einen Spiegel. Kaum war ich in der vergangenen Nacht eingeschlafen, flammte links unten bei dieser Kommode – in einem Traum – ein gleißend helles, unangenehm blendendes Licht auf, das mich aus dem Schlaf riss.

Gibt es auch im Tagesbewusstsein ein Licht, das einen gleißend hell und unangenehm blendend treffen und aus dem Schlaf des Alltagsbewusstseins reißen kann?

Petrití, 18. September 2015

Die Silbe „ent-" drückt aus, dass sich ein Vorgang in sein Gegenteil verkehrt oder dass sich eine Angelegenheit zuspitzt. „Hemmen" bedeutet das Gegenteil von „Enthemmen". „Scheiden" führt eine Trennung herbei, „Entscheiden" darüber hinaus die Vereinigung mit einer bestimmten Vorgangsweise. Entscheiden führt dazu, dass ein erster Schritt gesetzt und ein Vorgang ins Rollen gebracht wird, der dann differenzierter weiterer Behandlung bedarf.

Ich wünsche mir, dass nicht mehr ich entscheide, sondern dass es mich entscheidet, von Augenblick zu Augenblick, trotz aller Trägheit und aller Angst, die in mir immer wieder hochkommen.

Petrití, 18. September 2015

Mein Leben lang bin ich geradewegs hinausge-schwommen, wenn ich an einem See oder Meer war, nie das Ufer entlang. Und wenn das Wasser draußen frei war von anderen Menschen und von Schiffen, habe ich mich am glücklichsten gefühlt. So ist es bis zum heutigen Tag, denn ich komme gerade vom Schwimmen im Meer zurück und sitze auf einer Wiese inmitten eines Olivenhains. Auch hier ist außer Gerhild kein Mensch. Manchmal besuchen uns hier ein paar Ziegen oder Schafe.

Dieses Gefühl der Vollkommenheit dürfen Gerhild und ich in den Alltag mitnehmen, wenn wir in drei Tagen wieder nach Hause reisen, in einen Alltag, dessen wirtschaftliche und politische Seite immer mehr von Torschlusspanik und Gehässigkeit geprägt wird.

Petrití, 19. September 2015

gerade erst geboren
gerade erst die innere freiheit gewonnen
in baumhäusern
und in visionen
zwischen wachen und schlafen
gerade erst domestiziert
und die freiheit verloren
gerade erst auf dem weg
von einsamkeit und gemeinsamkeit
der wieder zu ihr führt
gerade erst im gefilde der duftenden blüten ange-
  langt
und der fallenden blütenblätter
die zu köstlichen essenzen verarbeitet werden
gerade erst die flasche des lebenselixiers geöffnet
und noch nicht von der erde abberufen

Petrití, 19. September 2015

liebe wird aus dem nichts geboren
in jedem augenblick neu
erst aus der kaskade der augenblicke
entsteht kontinuität

Petrití, 19. September 2015

Ein Wachtraum in der letzten Nacht: Es ist Nacht. Ein dunkler Schmetterling entfaltet seine Flügel, um wegfliegen zu können. In diesem Moment leuchtet der ganze Schmetterling auf.

Der Wachtraum ist meine Antwort auf den Traum von vorgestern. Diesmal handelt es sich um ein verheißungsvolles Licht. Noch fliegt der Schmetterling nicht.

Petrití, 20. September 2015

Über Nacht sind Wolken gekommen. Von Zeit zu Zeit verschwindet die Sonne hinter ihnen. In der Nacht war das Meer aufgewühlt und hat den Strand überschwemmt. Auch jetzt sind die Wellen noch höher als sonst. Ich komme gerade aus dem Wasser. Ich bin weit hinausgeschwommen. Jede Welle hat mich in die Höhe geworfen und dann wieder hinunterfallen lassen. Das Meer hat mir seine Schönheit und Kraft gezeigt. Und ich habe mich ihm anvertraut, mit einem speziellen Glücksgefühl. Das Meer und ich sind eins.

Vielleicht werde ich einmal schreiben können: Die Erde und ich sind eins.

Petrití, 20. September 2015

In diesen Tagen gab es zwischen Gerhild und mir folgenden Dialog:

Werner: „Solange wir hier sind, möchte ich jeden Tag etwas schreiben. Aber ich darf nichts erfinden. Ich muss es mir schenken lassen."

Gerhild: „Wenn du es erfindest, ist es eine Lüge."

Und wenn jemand eine Erzählung schreibt oder einen Roman? Das macht keinen Unterschied. Wenn er nicht seiner Lebenserfahrung Ausdruck verleiht oder wenn er nicht den Leuten in Wirtshäusern und auf der Straße zuhört und das Gehörte verarbeitet, ist es eine Lüge.

Ich habe auch einen Hang zur Parodie.

Petrití, 20. September 2015

Gerhild und ich sitzen auf der Wiese im Olivenhain, unmittelbar hinter dem Strand. Wir sind die einzigen Menschen hier. Auf einmal kommt die Schafherde, unter ihnen der Widder. Friedlich fressen sie Gras und Blätter von den Büschen. Auch an abgeschnittenen Olivenzweigen knabbern sie. Wir bleiben ruhig sitzen. Die Schafe kommen bis auf zwei Meter an uns heran. Sie nähern sich auch dem Weg zum Strand, gehen aber nicht hinunter, denn unten sind ein paar Leute. Sie drehen sich um und zeigen uns ihre Hintern mit den dicken, wolligen Schwänzen. Dann sind sie verschwunden.

Ein Besuch wie eine Liebkosung.

Petrití, 20. September 2015

Gerhild und ich sahen vorhin am Strand einen ziemlich großen toten Fisch.

Ist ein toter Fisch ein toter Fisch?

Er ist eine Ansammlung zerfallender Zellen.

But the empty space remains.

An der Straße sahen wir die Parten einiger toten Menschen.

Ist ein toter Mensch ein toter Mensch?

Er ist eine Ansammlung zerfallender Zellen.

But the empty space remains.

Anmerkung:
Die englischsprachige Zeile ist aus dem Lied „Shoot Down the Moon" (Elton John).

Petrití, 20. September 2015

Siesta

Jekinder streiten miteinander.
Jefraud schimpft mit ihnen.
Jemand spricht ein Machtwort.
Mehr weiß ich nicht, denn dann bin ich einge-
schlafen.

Petrití, 21. September 2015

Heute waren Gerhild und ich in einem Bergdorf namens Ágios Nikólaos. Auf der Straße hatte jemand das Wort „OXI" („NEIN") in roter Farbe auf den Asphalt gepinselt. Das entspricht der Stimmung von 62 % der Griechinnen und Griechen, die an der Volksabstimmung teilgenommen und einen erdrückenden Vertrag mit den Geldgebern von EU und IWF abgelehnt haben.

Alexis Tsipras, Ministerpräsident und Chef der SYRIZA, ging daraufhin in neue Verhandlungen. Ihm wurde stundenlang auf die Schulter geklopft, bis er schließlich einen viel schlimmeren und entmündigenden Vertrag unterschrieb, um einen Schulterblattbruch zu vermeiden.

Trotzdem hat die SYRIZA bei der gestrigen vorgezogenen Parlamentswahl wieder genug Stimmen und Mandate bekommen, um zusammen mit ANEL eine Regierung bilden zu können, allerdings bei einer Wahlbeteiligung von nur 56 %.

Petrití, 21. September 2015

Gestern, als wir noch beim Abendessen saßen, gab es ein Wetterleuchten. Dann hörte man Donner, und schließlich kam ein solcher Sturm auf, dass die beiden großen Sonnenschirme bei der Bar kaum noch zugeklappt werden konnten.

Heute nach dem Frühstück war das Meer immer noch aufgewühlt. Hohe Wellen hatten in der Nacht einen großen Streifen des Strands überschwemmt. Das Rinnsal, das gegen Ende des Strands ins Meer mündet, hatte sich mit der Sandbank, durch die es fließt, zu einem großen See vereinigt.

Als wir zu Mittag von Ágios Nikólaos zurückkamen, waren die Wellen immer noch höher als sonst. Die Sicht war ungewöhnlich klar. Die Berge des gegenüberliegenden Festlands traten deutlich hervor.

Das Wetter hat uns Elemente einer Sinfonie geschenkt, die in uns weiterklingt.

Petrití, 21. September 2015

Morgen geht es wieder nach Hause. Was nehme ich mit? Vieles hier ist mir in wohltuendster Weise unter die Haut gegangen:

Die Herzlichkeit der Menschen. Herzlichkeit ist etwas anderes als Freundlichkeit. Freundlichkeit kann geheuchelt sein, Herzlichkeit niemals.

Das Meer in seiner Schönheit und Kraft.

Die überquellende Natur in vielen Details. Allein schon der Duft, wenn man durch die Olivenhaine geht, die grasbewachsen und von Pinien und allerlei Büschen durchsetzt sind. Und dann trifft man eine Ameisenstraße. Die kleinen Tiere können Piniensamen schleppen, die für sie riesig sind, und lassen sie dann in die Einstiegsöffnung ihres unterirdischen Baus wie in eine Sparbüchse fallen.

Das ruhige Sitzen und Nichtstun.

Das Leben in der Gegenwart statt in der Zeitgeschichte. Das heißt keineswegs, dass man sich einkapselt. Ich habe die griechische Parlamentswahl mit ihren Ergebnissen hier sehr wohl mitbekommen. Das heißt, dass man die Angelegenheiten ohne Angst betrachtet, mit dem Herzen, mit einem unerschütterlichen Vertrauen.

Das alles habe ich mir in diesen Tagen einverleibt. Den Wahrheitsbeweis werde ich antreten.

Petrití, 21. September 2015

Meinen Organismus nenne ich gerne mein System, auch in dem Sinn, dass mein System letzten Endes unabhängig von meinem Organismus ist. Mein System kennt Einwirkungen von innen und von außen, die zu stark für es sind.

Einwirkungen von innen sind Störungen des Gleichgewichtssystems, die in Wellen auftauchen und wieder verschwinden. Seit einiger Zeit vermute ich, dass ich diese Störungen durch Bewusstheit minimieren kann.

Einwirkungen von außen sind solche, die ich als zu stark für mein System empfinde, sodass der freie Fluss gestört wird. Ich rauche nicht. Doch wenn ich Zigarettenrauch einatmen muss, ist sofort meine Aufnahmefähigkeit für die Natur gestört. Wenn ich Kaffee trinke, was selten genug vorkommt, spüre ich die Wirkung viel zu stark, mein System läuft dann sofort auf Hochtouren. Wenn ich Alkohol trinke, was ebenfalls nur selten der Fall ist, leidet sofort meine Fähigkeit, Inspirationen aufzunehmen. Wenn ich zufrieden und gelöst da sein will, muss ich solchen äußeren Einwirkungen aus dem Weg gehen.

Petrití, 21. September 2015

Heute Mittag bringt uns ein Taxi zum Flughafen Korfu. Damit schließt sich der Bogen des Petrití-Tagebuchs. Ich habe alle Themen abgehandelt, mit einer Ausnahme: Sexualität. Und dabei bleibt es.

Petrití, 22. September 2015

der morgenstern zieht in die höhe
der erste bote des tages
seine musik vereinigt sich
mit dem ersten krähen der hähne

Petrití, 22. September 2015

Ein Haiku

Was ich gerne bin:
Fluss der Lebendigkeit und
Stein des Anstoßes

Petrití, 22. September 2015

Welche Maße hat die Masse?
Kleine Masse hat kleine Maße
Große Masse hat große Maße
Ein Schweizer versteht das nicht

Anmerkung:
In der Schweiz gibt es kein „ß".

Petrití, 22. September 2015

Unsere ältere Tochter holte uns vom Flughafen Wien-Schwechat ab. Als sich das Auto unserem Haus näherte, war auf einmal volle Präsenz in mir. In Worten ausgedrückt, bedeutete sie nicht „Jetzt bin ich wieder zu Hause", sondern einfach „Ich bin da".

Dürrwien, 22. September 2015

Als ich in Dürrwien das erste Mal wieder auf der Toilette war, ging mir durch den Kopf: „Wo ist denn hier der Kübel für das Papier? Man darf doch das Klopapier nicht in die Klomuschel werfen."

In der Zwischenzeit habe ich mich wieder daran gewöhnt, dass man es doch darf.

Dürrwien, 23. September 2015

Zu Petrití, das am Meer gelegen ist und einen Hafen hat, gehört ein Bergdorf namens Korakades. Als das Bergdorf vor einigen Jahrzehnten von einem Erdrutsch bedroht wurde, wurde es von den meisten Menschen verlassen. Unten am Meer fühlte man sich sicherer. Die einzige Kirche befindet sich jedoch oben. Die Kirche in Petrití wurde aus Geldmangel bis zum heutigen Tag nicht fertiggebaut.

Ich frage Maria, die Wirtin, wann oben der Sonntagsgottesdienst ist. Er ist um acht Uhr, viel zu früh für uns. Maria sagt: „Der Gottesdienst dauert zwei Stunden. Sie können um neun Uhr auch noch kommen."

Die orthodoxe Kirche ist großzügig, aber uns widerstrebt es, so spät zu kommen. Wir sind gar nicht hingegangen.

Dürrwien, 24. September 2015

Als wir in Petrití waren, wurde gegenüber von unserer Pension ein Zaun frisch gestrichen. Hinter dem Zaun war ein Esel.

Wer einen frisch gestrichenen Zaun angreift, hat nachher Farbe auf den Fingern. So ist es mit jeder sogenannten Rolle, die du hier spielst, im Beruf, in der Familie oder im Freundeskreis. Jedes Detail macht etwas mit dir, und wenn dein Aufenthalt auf der Erde zu Ende ist, ist alles das ein großer Geschenkkorb für dich, dessen Inhalt du bis zur letzten Kleinigkeit auspackst und in deine neue Existenz übernimmst. Wenn einige dieser Gegenstände schmutzig sind, hast du dann immer noch die Gelegenheit, sie zu waschen.

Dürrwien, 25. September 2015

Gerhild schaut bei uns zu Hause in Dürrwien aus dem Fenster auf das kalte und nasse Wetter. Daraufhin entspinnt sich folgender Dialog:

Gerhild: „Ich möchte wissen, wie das Wetter in Petrití jetzt ist, ob sie noch Sommer haben.‟

Werner: „Warum willst du das wissen? Das kann dir doch wurscht sein.‟

Gerhild: „Wegen den Katzen.‟

Dürrwien, 25. September 2015

Der Aufenthalt in Petrití war für mich auch eine innere Übungsphase, wobei innen und außen nicht zu trennen sind. Was ist jetzt anders als vorher? Der entscheidende Unterschied ist der folgende: Während ich vorher mehr oder weniger in meinen Gedanken und Gefühlen drinnengesteckt bin, sehe ich sie jetzt als der unabhängige Beobachter. Das klingt harmlos und theoretisch, ist aber massiv und praktisch. Jahrzehntelang habe ich es nicht begriffen. Es ist eine ungeheure Erleichterung.

Angestoßen wurde das Ganze durch Beschreibungen von inneren Erlebnissen Oshos, die ich in den ersten Tagen in Petrití gelesen habe. Und ich spüre, dass er nach wie vor lebendig ist, dass er sich im Nichts aufgelöst hat und in dieser formlosen Präsenz für alle da ist, die bereit sind, etwas von ihm zu übernehmen und weiterzuentwickeln.

Dürrwien, 29. September 2015

weihrauch ich dich weihe
nicht geweiht wärst du
bloß duftrauch

meerstern ich dich grüße
nicht gegrüßt wärst du
kein leitstern

urlaub ich dich pflücke
ungepflückt wärst du
kein genuss

Dürrwien, 29. September 2015

Nachwort

In Petrití habe ich eine neue literarische Gattung erfunden: die Notizen. Ich habe sie so definiert: Kurzprosa, in meiner Handschrift müssen sie auf einem A5-Blatt Platz haben, wobei man das Blatt auch umdrehen und die Rückseite beschreiben kann. Meine Notizen sind also kürzer als meine Bausteine, aber länger als Aphorismen.

Vor zehn Tagen sind Gerhild und ich aus Petrití zurückgekommen. Und ich merke schon, dass die Notizen Platz in meinem Alltag haben. Ich schreibe weiterhin solche.

Dürrwien, 1. Oktober 2015

Über den Autor

Ich wurde 1941 in Wien geboren.

Bei meinem Studium, das mit dem Dr.phil. abschloss, habe ich gelernt, mich selbst und die Bedeutungen der Worte in Frage zu stellen.

Von Kindheit an hat es mich immer fasziniert, zu schreiben.

Ich lebe in der Umgebung von Wien, habe aber auch acht Jahre in der Schweiz zugebracht.

Als ich im Jahr 1991 50 Jahre alt wurde, hat mir eine alte Freundin der Familie ein leeres Notizbuch geschenkt und im Begleitbrief geschrieben: „Mögest Du Deine derzeitige Schaffenskraft weiterhin behalten und halte alle Deine Gedanken fest!"

Das war der Beginn meiner literarischen Tagebücher. Bis heute sind es 28 an der Zahl. Ich habe dort vor allem Lyrik eingetragen, aber auch Prosa, Biografisches und Zitate. Der Inhalt des Buches „Glücklich in Petriti" ist Teil des Tagebuchs Nr. 28.

Bücher von Werner Krotz

zeit wie flüssige kristalle – Gedichte
1. Auflage, 96 Seiten, Arovell Verlag 2000
2. Auflage, 104 Seiten, Books on Demand 2007

auf der zeitachse liegt man nicht gut

komplott der liebe – Gedichte
164 Seiten, Books on Demand 2008

gott ist tot wer versteht dieses komplott

Du bist da – Die Psalmen der Bibel in neuer Bearbeitung
260 Seiten, illustriert, Persimplex Verlag 2008

Die Passagen von Selbstgerechtigkeit und Hass sind verwandelt.

Du bist Liebe – Die Johannes-Schriften der Bibel in neuer Bearbeitung
mit einem Anhang: Christliche Grundgebete in neuer Bearbeitung
184 Seiten, illustriert, Persimplex Verlag 2008

Ohne Hass gegen Juden und Römer.

Hände weg, doch pack an – Das Daodejing in neuer Bearbeitung
mit einem Anhang: Gedichte zum Daodejing
138 Seiten, illustriert, Persimplex Verlag 2009

Eine Neuschöpfung des Daodejing aus der Quelle authentischer Lebenserfahrung und aus dem Geist der Liebe.

Jesus für alle – Die Abenteuer Gottes
210 Seiten, illustriert, Persimplex Verlag 2009

Der Geist Gottes spricht die Menschen direkt an.

Botschaft ohne Grenzen – Eine neue Zusammenschau der synopt. Evangelien
222 Seiten, illustriert, Persimplex Verlag 2011

Ohne Drohungen und Pauschalverurteilungen.

Jesus ohne Dogmen – Die christlichen Wahrheiten neu formuliert
234 Seiten, illustriert, Persimplex Verlag 2011

Jesus ist das Sprechen Gottes, mit dem Gott alles schafft, erhält und verwandelt.

Vom Tod zum Leben – Ein Buch für das Leben und den Tod aller Wesen
216 Seiten, illustriert, Persimplex Verlag 2012

Über das Schicksal des Menschen, der Erde und des Kosmos.

Ein neuer Jesus für Kinder
232 Seiten, illustriert, Medu Verlag 2014

Die Kinderbuchfassung von „Botschaft ohne Grenzen".

Das Ende der Paradigmen – Spurensuche für eine neue Zeit
224 Seiten, Medu Verlag 2014

Das Experiment „Menschheit auf der Erde" ist nahe daran, zu scheitern.

Alles für alle – Bausteine des Lebens
352 Seiten, Medu Verlag 2015

Die ersten 200 Einträge meines Weblogs.

Jesus aus dem Sand – Etüden zu den Evangelien des Thomas und der Maria
280 Seiten, Medu Verlag 2015

In der heutigen Zeit ist es essentiell, zwischen orthodox und heterodox nicht zu unterscheiden.

Im Zentrum des Zyklons – Gedichte und Kurzprosa
ca. 170 Seiten, Medu Verlag 2016, noch nicht erschienen

Enthält alle Texte, die ich in meinen literarischen Tagebüchern 1 bis 27 als grundlegend für mein Leben gekennzeichnet habe.

Osternacht der Menschheit

ca. 250 Seiten, Medu Verlag 2016, noch nicht erschienen

Die lebensrettende Transformation der Menschheit als Fortsetzung der Transformation Jesu in der Osternacht.

Details auf www.wernerkrotz.net

FSC
www.fsc.org
MIX
Papier | Fördert
gute Waldnutzung
FSC® C083411

Zeitfracht Medien GmbH
Ferdinand-Jühlke-Straße 7
99095 Erfurt, Deutschland
produktsicherheit@kolibri360.de